글쓴이 미셸 쿠솔리토

미국 매사추세츠의 농장에서 자연을 탐험하며 자랐어요. 필리핀에서 알록달록한 야생 물고기를 처음 보았고, 아일랜드의 버렌을 하이킹하면서 석회암으로 이루어진 환상적인 풍경을 가슴에 품었어요. 페루의 마추픽추와 모로코의 사하라 사막도 여행했어요. 세상을 모험하는 일을 즐겨요. 지은 책으로《깊고 깊은 바닷속으로: 심해 잠수정 앨빈호의 바닷속 탐험》이 있어요.
홈페이지 www.michellecusolito.com

그린이 니콜 웡

미국 매사추세츠의 폴리버에 살고 있어요.《별을 향해: 우주를 걸은 미국의 첫 여성(To the star: First American Woman to walk in Space)》,《원숭이가 없으면, 초콜릿도 없다(No monkey, No chocolate)》,《맥스웰의 마운틴(Maxwell's Mountain)》,《L은 도서관을 위한 글자("L" is for Library)》들의 그림을 그렸어요.

옮긴이 김정한

연세대학교에서 철학을 공부하고 같은 대학 국제학대학원을 다녔어요. 포도나무 크리에이티브 미디어 대표이며 번역가, 출판기획자로도 활동하고 있어요. 쓴 책으로는《북한은 처음이지?》,《세상에서 제일 맛있는 피자》들이 있고, 옮긴 책으로는《경이로운 지구 우리가 함께 지켜요》,《세상을 바꾼 작은 영웅들》,《몬스터 사이언스》,《신기한 마법의 괴물사전 주니버스》,《이 세상에 사람이 딱 100명뿐이라면?》들이 있어요.

DIVING DEEP

Text Copyright © 2022 by Michelle Cusolito
Illustrations Copyright © 2022 by Nicole Wong
Original edition first published by Charlesbridge Publishing, Inc., under the title, Diving Deep

Korean translation Copyright © 2022 by Thunderbird
Korean translation rights arranged with Charlesbridge Publishing, Inc., through EYA Co., Ltd

이 책의 한국어판 저작권은 EYA Co., Ltd를 통해 Charlesbridge Publishing, Inc.,과 독점 계약한 썬더버드가 소유합니다.
저작권법에 의하여 한국 내에서 보호를 받는 저작물이므로 무단 전재 및 복제를 금합니다.

바닷속 탐험을 위한 다양한 기술

깊고 깊은 바닷속 탐험

미셸 쿠솔리토 글 · 니콜 윙 그림 · 김정한 옮김

썬더키즈
thunder kids

해변과 산호초를 지나 해안에서 멀리 벗어난
큰 바다 깊은 곳에는 지구의 마지막 남은 미개척지가 숨어 있어요.

인간은 왜 바다로 뛰어들까요?
왜 빛 한 점 들지 않는 깊은 곳으로 들어가는 걸까요?

놀라운 것은 우리의 마음을 사로잡아요.
새로운 발견은 우리에게 기쁨을 주지요.

누군가는 보이지 않는 바닷속의 위험을 두려워하고,
또 다른 누군가는 그 짜릿한 위험을 일부러 좇아요.
끝을 알 수 없는 깊은 바다를 만나기 위해
탐험의 한계에 도전하는 것이지요.

바다의 비밀을 풀기 위해

깊이 더 깊이 내려갑니다.

우리는 오리발로 헤엄을 치고 튜브로 숨을 쉬면서 바닷속을 살펴요.
산호초 사이에 몸을 숨긴 에인절피시를 만나고
산호를 갉아먹는 파랑비늘돔의 이야기를 엿들어요.

스노클링

잠수 깊이: 최대 약 1미터
잠수 시간: 지치거나 추위를 느끼기 전까지
잠수 인원: 안전을 위해 2명 이상

얕은 수심이나 수면 위에서 물속을 관찰해요. 얼굴을 물에 담그고 마스크에 달린 스노클이라는 튜브로 숨을 쉬어요. 마스크 덕분에 잠수 중에도 물속을 볼 수 있답니다. 수영을 할 수 있다면 쉽게 배울 수 있어요.

우리는 더 깊이 그리고 더 오래 잠수하기 위해
숨을 참고 온몸으로 물의 무게를 견뎌요.
바닷속 깊이 내려가면 향유고래를 만나게 되지요.
향유고래들 사이에서 헤엄치면 그들의 대화를 느낄 수 있어요.
딸깍거리는 소리가 바닷속에 울려 퍼져 우리의 온몸으로 전해진답니다.

프리 다이빙

잠수 깊이: 30미터
잠수 시간: 다이빙할 때마다 1~2분
잠수 인원: 안전을 위해 2명 이상

프리 다이빙은 오직 한 번의 숨으로 물속에 머물러야 하기 때문에 숨을 참고 잠수하는 훈련을 해요. 바다 생물을 관찰하거나 사진을 찍을 때는 스노클을 사용하지요. 스노클 덕분에 생물에게서 눈을 떼지 않고도 숨을 쉬러 수면 위로 올라올 수 있어요. 물속에서는 산소를 아끼기 위해서 심장이 느리게 뛰어요. 또 심장과 폐, 뇌 같은 중요한 장기를 보호하기 위해 팔과 다리로 가는 피의 양을 줄여 더 많은 피가 장기로 가도록 해요. 물속으로 깊이 내려갈수록 수압이 높아져 폐의 부피가 줄어들어요. 한계를 넘어 더 깊이 내려가다가는 목숨을 잃을 수 있지요. 도움이 필요한 사람에게 곧장 다가가기 위해 안전 요원들이 대기하고 있어요.

스쿠버 다이빙

잠수 깊이: 40미터

잠수 시간: 보통 30~50분

잠수 인원: 안전을 위해 2명 이상

스쿠버(SCUBA)는 '독립 수중 호흡 장치(Self-Contained Underwater Breathing Apparatus)'의 머리글자를 딴 말이에요. 스쿠버다이버들은 대기 중의 공기를 직접 공급받는 대신 공기통에 든 압축 공기로 숨을 쉬어요. 압축 공기와 높은 수압 때문에 공기가 몸속으로 많이 녹아들지요. 이때 천천히 수면으로 올라오면 공기가 몸 밖으로 빠져나갈 시간이 충분해요. 하지만 빠른 속도로 올라오게 되면 제대로 빠져나가지 못한 공기가 몸 구석구석에 기포를 만들어요. 이 기포들이 통증을 일으키고 심한 경우 목숨을 잃게 하지요. 이를 잠수병이라고 해요. 잠수병을 예방하려면 수면 위로 천천히 올라와야 하고 얼마나 깊이 그리고 얼마나 오랫동안 물속에 있을지 치밀한 잠수 계획을 세워야 해요.

우리는 오리발을 신고 마스크를 쓰고 공기통을 멥니다.
물고기들 사이를 헤엄치고 작은 굴 안에 숨은 문어를 찾아 나서요.

우리는 수중 서식지에서 압축 공기를 마시며 열흘 정도 지내요.
식사를 하고 있으면 험악한 얼굴을 한 골리앗 그루퍼가
유리창 밖에서 우리를 지켜봐요.

포화 잠수

연구소 깊이: 15미터
연구소 외부에서의 잠수 깊이: 12~28미터
잠수 시간: 약 10일
잠수 인원: 6명 정도

포화 잠수는 깊은 바닷속에서 오랜 시간 잠수하기 위한 방법의 하나예요. 수중 서식지에 머물면서 몸이 바다 깊이에 적응하도록 해요. 다시 수면 위로 올라올 때는 몸속에 쌓인 공기를 천천히 빼내는 감압 과정을 거친 다음 작은 공기통을 메고 올라와요. 서둘러 올라오게 되면 잠수병에 걸려요. 미국 플로리다에 수중 연구소 '아쿠아리우스 산호 기지'가 있어요. 버스보다 약간 큰 크기로 해수면 15미터 정도 아래에 있어요. 연구원들은 스쿠버 다이빙을 해서 연구소로 가고, 수면 위에 있는 다른 연구원들은 영상과 음파 장비로 연구소를 지켜본답니다. 포화 잠수로 오랫동안 바닷속을 관찰할 수 있는 수중 연구소 덕분에 탐사 프로젝트를 잘 해낼 수 있어요.

우리는 추진기가 등에 달린 잠수복을 입은 채
바다의 밑바닥을 유유히 걸어요.
걷다가 멈춰 서서 표본을 수집하고
새로운 발광 생물을 발견하면 사진도 찍어요.

대기압 잠수

잠수 깊이: 최대 300미터
잠수 시간: 약 5시간
잠수 인원: 1명

수백 미터 아래 깊은 바닷속에서도 수압의 영향을 받지 않는 잠수 방법이에요. 대기압 잠수복이라고 불리는 특수 잠수복이 대기압과 같은 조건을 만들어 주기 때문에 수면으로 올라올 때 감압이 필요 없어요. 잠수병도 없고요. 대기압 잠수복은 심해의 엄청난 수압을 견디기 위해 우주복보다 훨씬 튼튼하게 만들어요. 최첨단 대기압 잠수복인 '엑소수트'는 공기통 대신 잠수복 내부에 있는 공기로 숨을 쉬게 하고 움직일 때는 추진기와 연결된 페달로 방향을 조정해요. 수면 밖과 연결된 광섬유 케이블로 통신을 주고받거나 실시간 영상을 보내기도 한답니다. 바닷속에서 엑소수트가 고장 나거나 광섬유 케이블이 얽히는 일을 조심해야 해요.

유인 잠수정

잠수 깊이: 최대 1,000미터
잠수 시간: 6~12시간
잠수 인원: 1~3명

유인 잠수정은 무인 잠수정만큼 오래 잠수할 수 없지만 사람이 직접 바닷속으로 들어가기 때문에 더 자세히 관찰하고 연구할 수 있어요. 잠수정 내부 압력이 해수면과 같아 잠수병에 걸릴 위험도 없지요. 딥워커호는 1명이 앉을 수 있는 크기의 작은 유인 잠수정이에요. 넓은 바다가 잘 보이는 투명한 돔이 있어요. 잠수정을 운전할 때 두 발만 필요하기 때문에 손으로는 탐사한 내용을 기록하거나 사진을 찍기도 한답니다. 헤드셋으로 수면 위와 통신을 주고받기도 해요. 딥워커호보다 조금 더 큰 유인 잠수정 트리톤 3300호는 최대 3명을 태운 채 12시간 정도 잠수할 수 있어요.

우리는 유인 잠수정을 타고 햇빛이 거의 닿지 않는 깊은 바다로 내려가요.
햇빛을 쫓아 올라오는 해파리와 작은 생물들의 물결을 만날 수 있어요.
지구상에서 떼를 지어 이동하는 무리 중 규모가 가장 클 거예요.

우리는 온종일 좁은 잠수정 안에 머물러요.
접시만 한 창문 너머에 있는 어둡고 드넓은 바다를 유심히 살펴요.
지구의 생명체가 깊은 바다에서 시작되었다는 증거를 찾아요.

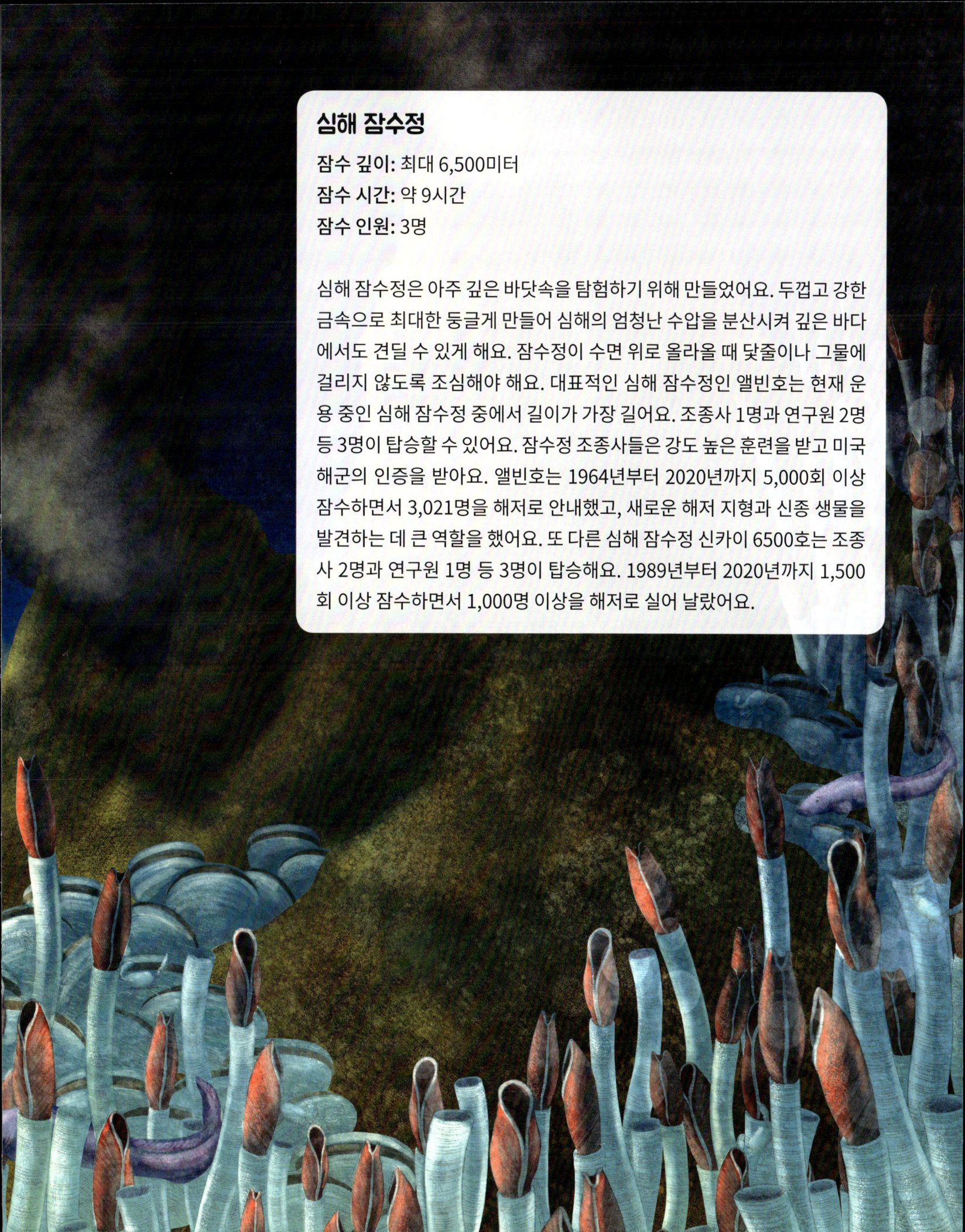

심해 잠수정

잠수 깊이: 최대 6,500미터
잠수 시간: 약 9시간
잠수 인원: 3명

심해 잠수정은 아주 깊은 바닷속을 탐험하기 위해 만들었어요. 두껍고 강한 금속으로 최대한 둥글게 만들어 심해의 엄청난 수압을 분산시켜 깊은 바다에서도 견딜 수 있게 해요. 잠수정이 수면 위로 올라올 때 닻줄이나 그물에 걸리지 않도록 조심해야 해요. 대표적인 심해 잠수정인 앨빈호는 현재 운용 중인 심해 잠수정 중에서 길이가 가장 길어요. 조종사 1명과 연구원 2명 등 3명이 탑승할 수 있어요. 잠수정 조종사들은 강도 높은 훈련을 받고 미국 해군의 인증을 받아요. 앨빈호는 1964년부터 2020년까지 5,000회 이상 잠수하면서 3,021명을 해저로 안내했고, 새로운 해저 지형과 신종 생물을 발견하는 데 큰 역할을 했어요. 또 다른 심해 잠수정 신카이 6500호는 조종사 2명과 연구원 1명 등 3명이 탑승해요. 1989년부터 2020년까지 1,500회 이상 잠수하면서 1,000명 이상을 해저로 실어 날랐어요.

우리는 몸을 웅크려 작은 잠수정에 탑승해요.
지구에서 가장 깊고 위험한 챌린저 딥으로 내려가요.
이곳에서 수백만 년 전부터 살아온 생물을 보는 최초의 인간이 될 수 있어요.

챌린저 딥을 탐사하는 잠수정

잠수 깊이: 최대 10.9킬로미터
잠수 시간: 11~12시간
잠수 인원: 1~2명

태평양에 있는 마리아나 해구는 지구에서 가장 깊은 바다예요. 특히 마리아나 해구의 바닥인 챌린저 딥은 해수면으로부터 약 11킬로미터 아래에 있는 지구상에서 가장 깊은 곳이에요. 에베레스트산의 높이보다 훨씬 깊이 바다로 들어가야 만날 수 있어요. 1960년, 미 해군 돈 월시와 스위스 해양학자 자크 피카르가 심해 잠수정 트리에스테호를 타고 인류 최초로 챌린저 딥까지 내려갔어요. 그로부터 50여 년이 지난 2012년, 영화감독이자 탐험가인 제임스 카메론이 심해 잠수정 딥씨 챌린저호를 이끌고 챌린저 딥으로 내려갔지요. 2019년에는 미국의 탐험가 빅터 베스코브가 심해 잠수정 리미팅 팩터호를 타고 챌린저 딥까지 잠수하는 데 성공했어요. 2020년에는 우주 비행사 캐시 설리번이 리미팅 팩터호를 타고 챌린저 딥 탐사에 성공해 우주를 걷고 챌린저 딥까지 내려간 최초의 인물이 되었고요. 2021년에는 미크로네시아의 과학자 니콜 야마세가 리미팅 팩터호로 챌린저 딥 탐사에 성공해 챌린저 딥에 방문한 첫 번째 태평양 원주민이 되었어요.

바다는 거칠고 위험하며 깊어요.
우리는 왜 이런 위험을 무릅쓰고 바다로 뛰어들까요?
놀라운 것은 우리의 마음을 사로잡아요.
새로운 발견은 우리에게 기쁨을 주지요.

바다에는 아직 밝혀야 할 것이 많이 남아 있어요.
우리는 깊은 바닷속의 비밀을 풀기 위해 탐험을 멈추지 않아요.

어제는 갈라파고스 제도 근처에서
새로운 종의 상어를 발견했어요.

오늘은 남극 얼음 아래 깊은 곳에서
아름다운 풍경을 탐험해요.

내일은 지구의 더 많은 비밀이 밝혀질지도 몰라요.

그래서…

우리는 깊이 더 깊이 내려갑니다.

바닷속으로 들어갈수록 물이 압력도 양력도 높아져요. 기압은 압력을 나타내는 단위로 해수면 1기압을 기준으로 바다 아래로 10미터씩 깊어질 때마다 1기압씩 높아져요. 가장 수심이 깊은 챌린저 딥보체트기 50대가 1,072기압이에요. 머리 위에서 점보제트기 50대가 누르는 것과 같은 압력이에요. (표시된 깊이는 실제 비율은 아니에요. 그렇게 하려면 아래로 더 많은 공간이 필요하답니다.)

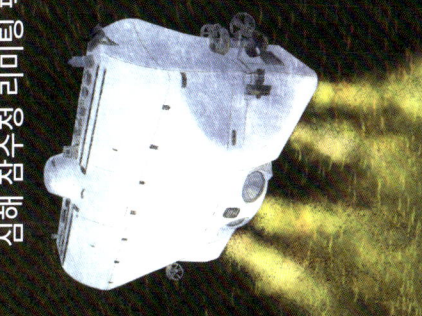

심해 잠수정 리미팅 팩터호

심해 잠수정 딥씨 챌린저호

심해 잠수정 신카이 6500호

6,500미터

심해 잠수정 앨빈호

심해 잠수정 트리에스테호

10.9킬로미터

※ 수심과 잠수정의 크기는 실제 비율과 달라요.

작가의 말

나는 책에 대한 아이디어가 떠오르면 전문가를 만나기 전에 가능한 많은 조사를 해요.
이 책에 대한 구상은 앞서 나온 그림책 《깊고 깊은 바닷속으로: 심해 잠수정 앨빈호의 바닷속 탐험》을
마무리할 때쯤 시작되었습니다.
앨빈 그룹의 수석 조종사이자 매니저인 브루스 스트릭롯이 레오나르도 다빈치가 설계한 기계에 관한 책을
보여 주었어요. 그 책을 보면서 깊은 바닷속을 탐험하는 다양한 방법을 소개하는 책을 만들기로 마음먹었어요.
바다에 대한 경외심과 놀라움, 그리고 우리가 바다를 탐험할 수 있게 해 준 기술을 담고 싶었어요.
특히 잠수에 관해 좀 더 자세히 소개하기로 했지요. 하지만 석유 굴착이나 해양 건설을 위한 산업 다이빙,
기록과 성과를 중요하게 생각하는 경쟁 프리 다이빙, 군사 또는 감시 목적의 잠수함은 제외했어요.
바닷속 탐험을 시작했던 초기의 다양한 시도와 기술이 밑바탕이 되어 오늘날 잠수 기술들은 엄청난 발전을
이루어 냈습니다. 우주보다도 가기 어려운 심해를 탐험할 수 있게 되었지요.
1930년, 윌리엄 비브는 오티스 바턴과 함께 만든 유인 잠수정 배시스피어호를 타고 처음으로 923미터 깊이의
심해 잠수에 성공했어요. 배시스피어호는 전원이 공급되지 않고 케이블을 연결해 내려가는 잠수정이었지만
이 역사적인 잠수가 미래의 심해 탐험을 위한 길을 닦았답니다.
1943년, 자크 이브 쿠스토는 우리가 공기통이라고 부르는 스쿠버 장비를 개발했습니다. 그의 공기통이 있었기에
스쿠버 다이빙이 가능해졌지요. 지금의 엑소수트 역시 이 기술 덕분에 뉴수트와 짐수트를 거쳐
최첨단 기술을 갖출 수 있었던 것이고요.
1960년에는 돈 월시와 자크 피카르가 유인 잠수정 트리에스테호로 10.9킬로미터 깊이까지 내려가는
놀라운 잠수 기록을 세웠습니다. 트리에스테호는 지름 2.2미터의 금속 공 모양 잠수정으로 휘발유를 담은 거대한
연료 탱크가 잠수정 아래에 매달려 있었어요. 휘발유는 물보다 가벼워 물 위에 뜨고, 강한 수압에도 압축되지
않기 때문에 잠수정이 수면 위로 돌아오는 데 필요한 부력을 제공했어요.
그 뒤로도 미르 1호와 미르 2호를 비롯한 수많은 잠수정 덕분에 중요한 심해 연구를 좀 더 쉽게 할 수 있었고,
다른 잠수함의 개발과 개선에 도움이 되는 기술 발전을 이끌었습니다.
이렇게 기술은 계속해서 발전하면서 새로운 기술을 끊임없이 만들고 있습니다.
우리는 깊고 깊은 심해에서 원시 지구의 모습을 만납니다. 깊고 깊은 바다를 탐험하는 일은
생명체가 어디에서 시작되었는가에 관한 물음에 한 발짝 다가가는 기회이지요.

측정 단위 참고 사항

이 책에서는 수심을 나타내는 단위로 미터를 사용했어요.
전 세계 과학자들이 미터 단위를 사용하는 것을 따랐습니다.
피트 단위를 미터로 환산한 경우에는 소수점 이하 값은 반올림했습니다.

1판 1쇄 인쇄 2022년 7월 25일
1판 1쇄 발행 2022년 8월 15일

글 미셸 쿠솔리토
그림 니콜 웡
옮김 김정한

발행인 손기주
편집팀장 권유선
편집 노현주 **디자인** 썬더키즈 디자인팀
세무 세무법인 세강

펴낸곳 썬더버드
등록 2014년 9월 26일 제 2014-000010호
주소 경기도 의왕시 정우길47, 2층 **전화** 031 348 2807 **팩스** 02 6442 2807

ⓒ 썬더버드 2022 Printed in Korea

이 책은 저작권법에 따라 보호를 받는 저작물이므로 무단 전재와 복제를 금지하며,
이 책의 내용 전부 또는 일부를 이용하려면 반드시 저작권자와 썬더키즈의 서면 동의를 받아야 합니다.

ISBN 979-11-90869-47-8 (77450)

값은 뒤표지에 있습니다. 잘못된 책은 구입하신 곳에서 바꾸어 드립니다.
썬더키즈는 썬더버드의 아동서 출판브랜드입니다.

세상에 대한 끝없는
호기심을 공유하는 단테와
좋은 글을 쓰는 방법을 함께
고민해 주는 알리아에게
이 책을 드립니다.
— 미셸 쿠솔리토

캐슬린과 밀리에게
—니콜 웡

이 책에서 소개한 내용에 관해 더 알고 싶으면 아래의 링크를 방문해 보세요.
여기에 소개된 URL은 나중에 변경될 수 있어요.
그럴 경우 관련 검색어를 이용해 찾을 수 있어요.

• 프리 다이버들이 찍은 고래와 돌고래의 놀라운 360도 영상을 살펴보세요.
http://www.darewin.org/page6

• 아쿠아리우스 산호 기지에 대해 자세히 알아보세요.
https://environment.fiu.edu/aquarius/about

• 잠수정 역사에 대한 짧은 리뷰와 유인 잠수정 딥워커호의 모습, 해양학자이자 탐험가인 실비아 얼의 인터뷰를 만나 보세요.
https://www.youtube.com/watch?v=tRd612BrDKU

용어 사전

감압: 잠수를 마치고 수면 위로 올라올 때 속도를 조절해 몸속에 있는 공기를 없애는 과정이에요. 탄산음료 병을 흔들고 뚜껑을 바로 열면 기포가 폭발하지만, 뚜껑을 살짝 열었다 닫기를 여러 번 반복하면 기포가 서서히 빠져나가 안전하게 열 수 있지요. 잠수부들이 천천히 수면 위로 올라오는 것이 이와 같은 원리예요.

광섬유: 빛을 이용해 통신 신호를 전달하는 물질이에요. 머리카락 굵기의 가느다란 유리로 이루어져 있어요. 인터넷을 통해 세계 곳곳으로 전해지는 데이터 대부분은 광섬유로 만든 해저 케이블을 이용해 전송해요. 아주 일부만 인공위성을 이용하는데, 남극의 수온이 너무 낮아서 해저 케이블을 설치할 수 없기 때문이에요.

대기: 공기를 달리 이르는 말로 지구와 같은 천체의 표면을 둘러싸고 있는 기체층을 뜻해요. 지구의 대기는 주로 질소(약 78%)와 산소(약 21%)로 이루어져 있어요.

대기압: 공기의 무게에 의해 생긴 압력을 기압 또는 대기압이라고 해요. 높은 곳은 낮은 곳보다 공기의 양이 적기 때문에 아래로 누르는 압력이 낮아요. 우리 몸은 항상 대기압의 영향을 받고 있지만, 평소에는 잘 몰라요. 우리 몸에서 밖으로 작용하는 압력과 공기가 몸을 누르는 대기압이 같아 그 무게를 느끼지 못하는 것이랍니다.

발광: 생물 스스로 빛을 내는 생물이에요. 특히 깊은 바닷속 발광 생물들은 포식자로부터 몸을 지키기 위해, 먹이를 유인하기 위해, 서로 소통하기 위해서 어두운 바닷속에서 빛을 냅니다. 그래서인지 바다에는 빛을 내는 생물들이 생각보다 많이 있어요.

부력: 물과 같은 유체 속에 잠겨 있는 물체가 중력의 반대 방향인 위로 밀어 올려지는 힘이에요.

심해: 수심이 200미터 이상이 되는 깊은 바다를 말해요.

압축: 물질에 압력을 가하여 부피를 줄이는 것이에요.

음파: 소리가 이동할 때 진동하면서 생기는 파동을 말해요. 소리는 공기 속뿐만 아니라 물속이나 고체 속에서도 파동을 일으키며 전달된답니다.

잠수병: 잠수부들은 잠수를 하면서 마시는 압축 공기 때문에 평소보다 많은 양의 공기가 몸속에 녹아요. 이때 수면 위로 빨리 올라오게 되면 몸속에 녹아 있던 공기가 미처 빠져나가지 못하고 기포를 만들어요. 이 기포들이 몸속을 돌아다니면서 통증을 일으키는 질병이에요. 감압병이라고도 합니다. 잠수병을 예방하기 위해서는 수면 위로 올라올 때 공기가 몸속에서 잘 빠져나가도록 압력을 조절하면서 천천히 올라와야 해요. 이런 과정을 감압이라고 하지요.

추진기: 엑소수트 같은 특수 잠수복에 있는 장치예요. 움직이기 어려운 깊은 바다에서 전후좌우로 움직이게 해 줘요.